Inhalt

Familien begegnen uns in vielfältigen Formen. In diesem Heft und auf den Karten sind daher mit dem Begriff *Eltern* alle Menschen gemeint, die als Erziehungsberechtigte Verantwortung für ein Kind tragen. Bei personenbezogenen Hauptwörtern haben wir uns für die Verwendung der weiblichen Form entschieden. Der Verzicht auf eine genderneutrale Anpassung ist der besseren Lesbarkeit geschuldet, alle Geschlechter sind hier gleichermaßen angesprochen. Mit dem Begriff *Pädagogin* meinen wir alle Personen, die in der Kita im pädagogischen Kontext tätig sind, unabhängig von ihrer Ausbildung oder ihrer Berufsbezeichnung.

Vorwort: Zur Arbeit mit diesen Karten und dem Begleitheft

Du möchtest gemeinsam mit deinem Team die partizipative Arbeit weiterentwickeln? Das vorliegende Kartenset hilft dir, diesen Weg zu gestalten. Jede Karte stellt einen Kernaspekt des Themengebiets vor. Der Einstieg wird durch ein Praxisbeispiel dargestellt, das den Transfer in deinen Arbeitsalltag erleichtert und dir konkrete Ideen zur Umsetzung gibt. Auf den Rückseiten findest du Reflexionsfragen, die du individuell, aber auch gemeinsam mit deinem Team bearbeiten kannst.

Die Karten begleiten den Prozess

Die Karten sind so gestaltet, dass sie den Teamprozess begleiten, der in der Auseinandersetzung mit dem Thema entstehen wird. Sie zeigen, welche Teilaspekte innerhalb des Themengebiets wichtig sind und wie diese nacheinander erarbeitet werden können. Dabei geben die Karten Orientierung und strukturieren den Teamprozess durch ihre Reihenfolge.

Das Kartenset beginnt mit den elementaren Aspekten. So schafft die Auseinandersetzung mit den ersten Karten ein grundlegendes Verständnis für das Thema und unterstützt die Arbeit an der eigenen Haltung. Mit den Karten werden die Aspekte nach und nach konkreter und zeigen Umsetzungsmöglichkeiten für die Praxis auf. Insgesamt leiten dich die Karten also von der Haltung zur Handlung.

Weitere Vorschläge dazu, wie du mit diesen Karten arbeiten kannst, findest du auf Karte 2 *Anleitung*.

Das Begleitheft

Dieses Begleitheft ergänzt die Karten um wesentliche Hintergrundinformationen. Im Kapitel »Fragen aus der Praxis« werden typische Herausforderungen der Partizipation dargestellt und du erhältst praktische Vorschläge für den Umgang damit. Im letzten Kapitel »Veränderungsprozesse im Team gestalten« geben wir dir Methoden und Hinweise zur Gestaltung des Teamprozesses an die Hand. Du erfährst, wie du alle Teammitglieder in den Prozess einbinden kannst, wie du dein Team zu Veränderungsprozessen motivierst und vieles mehr.

Impulse statt Rezepte

Erwarte von diesem Begleitheft und den zugehörigen Karten also zahlreiche Mutmacher, Praxisbeispiele und Methoden, um die Arbeit mit den Familien in deiner Einrichtung neu zu denken und zu gestalten. Patentrezepte und ausführliche Lehrbuchauszüge wirst du jedoch vergeblich suchen. Die Karten wollen zur Auseinandersetzung mit eigenen Haltungen, Überzeugungen und der Praxis anregen, um so Veränderungen anzustoßen. Und vielleicht motiviert dich die ein oder andere Karte auch zur tieferen Recherche über das Thema.

Wir wünschen dir und deinem Team einen spannenden Austausch, viele neue Erkenntnisse und eine Menge Spaß auf dem Weg zu mehr Partizipation in deiner Kita.

Dieses Kartenset folgt dem etablierten Konzept von »Mitentscheiden und Mithandeln in der Kita« des Instituts für Partizipation und Bildung in Kiel in Kooperation mit der Bertelsmann Stiftung in Gütersloh. Für eine vertiefte Auseinandersetzung empfehlen wir die Veröffentlichungen zu diesem Konzept sowie den zugehörigen kostenfreien Online-Kurs: Hansen, R., & Knauer, R.: Das Praxisbuch: Mitentscheiden und Mithandeln in der Kita. Wie pädagogische Fachkräfte Partizipation und Engagement von Kindern fördern. Verlag Bertelsmann Stiftung, Gütersloh, 2019

Grundlagen

Partizipation ist seit Jahren wesentlicher Bestandteil der Pädagogik mit den Jüngsten – zumindest auf dem Papier. Fragt man eine Pädagogin, ob sie hinter dem Konzept der Partizipation steht und dieses in ihrer Arbeit anwendet, wird sie dies wahrscheinlich bejahen. Dennoch wird Partizipation in der Praxis weniger umgesetzt, als die Teams es sich oftmals selbst wünschen. Dies liegt sicher auch an den überall knappen Ressourcen. Zum Teil liegt die Ursache aber auch darin, dass das Thema in vielen Teams nie nachhaltig eingeführt wurde, von einer regelmäßigen Reflexion und Fortführung ganz abgesehen.

Das Thema *Partizipation* rüttelt an den Grundfesten unserer Überzeugungen; es steht oft im Widerspruch zu vielen Erfahrungen, die wir selbst als Kind gemacht haben. Es ist für jede Einzelne und erst recht für Teams eine enorme Herausforderung, überbrachte Handlungsschemata zu überwinden. Wenn uns dies aber gelingt, winken enorme Gewinne: Wir können den Kindern in unserer Obhut ein besseres Aufwachsen ermöglichen, freier von der Willkür der Erwachsenenwelt hin zu einer aktiven, selbstbewussten Aneignung der Welt.

Warum ist Partizipation notwendig?

Partizipation ist aus einer Vielzahl an Gründen ein anerkanntes, notwendiges und zentrales Prinzip in der Elementarbildung.

Partizipation ist die Voraussetzung für Bildung im ko-konstruktiven Sinne

Bildung ist ein aktiver und zugleich sozialer Prozess. Ständige Kommunikation und die mal individuelle, mal gemeinschaftliche Bewältigung von (selbstgestellten) Herausforderungen gehen mit Partizipation Hand in Hand. Am effektivsten lernen Kinder anhand selbst gewählter Aufgaben, die sie entlang ihren Interessen und anhand der Vorbilder ihrer Peers entwickeln, also der anderen Kinder in ihrem Umfeld. Ein hoher Grad an Selbstbestimmtheit im Elementarbereich führt so in der Regel auch zu höherem schulischem Erfolg.

Partizipation ist eine wesentliche Grundlage für Resilienz

Sie stärkt u. a. das Gefühl der Selbstwirksamkeit, das Verantwortungsbewusstsein und Selbstvertrauen sowie die Fähigkeit der Kinder, Schwierigkeiten zu überwinden. Die Kinder üben das kooperative Vorgehen, wenn sie sich gemeinsame Ziele gesetzt haben, und stärken so ihre sozialen Kompetenzen. Sie reflektieren bei partizipativen Projekten gemeinsam ihre Ziele, das Vorgehen, Schwierigkeiten und nützliche Faktoren. Spielerisch entfalten sich so Reflexionsfähigkeit, Problemlösungskompetenzen und Selbstregulation.

Partizipation ist unverzichtbar für effektiven Kinderschutz

Kinder erkennen durch gelebte Partizipation ihre eigenen Bedürfnisse und Grenzen und lernen, diese zu äußern und zu verteidigen. Sie kennen ihre Rechte und können das Verhalten anderer Menschen hieran bemessen. Kinder, die gelernt haben, dass ihre Stimme gehört wird, und die ihr Recht auf Beschwerde kennen, geraten seltener in übergriffige Situationen, können sich leichter wehren und erhalten schneller Hilfe. Pädagoginnen, die bewusst partizipativ arbeiten, üben sich im intensiven, zugewandten Zuhören. Dadurch steigt die Chance für das Kind, dass problematisches Verhalten in der Familie oder anderswo schneller ans Licht kommt.

Partizipation ist Demokratiebildung

Unser Zusammenleben ist geprägt von Werten wie Freiheit, Menschenrechten und einem sozialen Miteinander. Demokratie ist eine Herrschaftsform, die in jeder Generation aufs Neue erlernt werden muss. In der Kita können Kinder schon früh demokratische Prozesse erleben. Sie erfahren, dass sie Rechte haben und dass diese auch von den Erwachsenen beachtet werden. Es wird für sie selbstverständlich, dass niemand diskriminiert werden darf, etwa aufgrund des Geschlechts oder wegen einer Behinderung. Durch die »Demokratie im Kleinen« in der Lebenswelt der Kita sichern wir langfristig unsere offene, demokratische Gesellschaft.

Partizipation ist gesetzlich verankert

Beteiligungs- und Beschwerderechte sind für die Kita vorgeschrieben und auf vielen Ebenen in Gesetzen festgelegt. In erster Linie sind dies die UN-Kinderrechtskonvention, das Grundgesetz, das Sozialgesetzbuch Achtes Buch (SGB VIII) sowie die Kita-Gesetze und Bildungspläne der Länder. Es stellt sich daher schon seit langem für keine Kita mehr die Frage nach dem »Ob« von Partizipation und Beschwerdeverfahren. Bei der Frage des »Wie viel« und des »Wie« verfügen die Kitas jedoch über viel Spielraum im vielleicht dynamischsten Feld der Elementarpädagogik.

Partizipation stärkt die Sprachkompetenz von Kindern

Gerade in den Grundschulen unseres Landes fällt auf: Viele Kinder verfügen im schulpflichtigen Alter nicht über die notwendigen sprachlichen Kompetenzen, um sich in der Schule erfolgreich beteiligen zu können. In der Kita muss folgerichtig der Erwerb von Sprachkompetenzen besonders im Blick stehen. Auch bei diesem Thema kann Partizipation Mittel und Zweck einer guten Pädagogik sein. Schon bei rein pflegerischen Tätigkeiten mit den Allerkleinsten bedeutet gelebte Partizipation vor allem Hinwendung, feinfühlige Dialoge und das Eingehen auf die non-verbalen Äußerungen des Kindes. Die Pädagogin fragt das Kleinstkind, ob es bereit ist zum Wickeln, beschreibt ihre Tätigkeiten, lässt Raum für Reaktionen. Partizipation mit Kindergruppen erfordert immer intensive Dialoge, das Ausprobieren unterschiedlicher Kommunikations- und Abstimmungsmethoden und das Aushandeln von Bedeutungen und Regeln. Mithilfe von Bildern und anderen Repräsentationen (z. B. Modellen, Fotos, Symbolen) werden die Kinder strukturiert auf die Konzepte der Schriftsprache hingeführt (Literacy). In einer partizipativen Kita werden dir Kinder begegnen, die vertieft sind in ihr Freispiel oder gemeinsam an Projekten arbeiten. Die meiste Zeit wirst du umgeben sein von Gesprächen, wechselseitigen Fragen, Vorschlägen und Beschwerden und zahlreichen Diskussionen.

Wo Partizipation wirkt: Ebenen von Partizipation

Partizipation wirkt sich auf verschiedenen Ebenen aus. In erster Linie verändert das Prinzip der Partizipation die Beziehung zwischen Pädagoginnen und Kindern. Da die Kinder in einem Familiensystem leben, beeinflusst eine veränderte Pädagogik in der Kita auch die Abläufe und Strukturen in der Familie. Daher ist es von hoher Bedeutung, die Familien von Beginn an zu informieren und einzubinden in die Grundlagen der pädagogischen Arbeit und gegebenenfalls in die Veränderungen, die in der Kita geschehen.

Mittelbar wirkt sich eine partizipative Pädagogik auch auf das Verhältnis der Teammitglieder zueinander und zur Leitung der Kita aus. Die Beziehungen zu den Eltern, zum Träger und zum Umfeld insgesamt werden berührt und verändert. Bestehende Machtverhältnisse werden dabei notwendig hinterfragt und zur Diskussion gestellt.

Wie ist es in der Welt der Erwachsenen um die wechselseitige Beteiligung bestellt?

Sind alle interessiert an den Belangen der jeweils anderen? Sehen wir uns als gleichwertige Partner an oder empfinden wir Machtunterschiede als notwendig oder sogar erwünscht? Es wird mit einer hohen Wahrscheinlichkeit bei diesen Fragen zu Konflikten kommen, offen oder unterschwellig. Helfen können Transparenz und Aufrichtigkeit miteinander. Wir sollten uns ins Bewusstsein rufen, dass unser Ziel immer ein gemeinsames ist: die bestmögliche Bildung und Erziehung für unsere Kinder.
Wer ernsthaft eine Beteiligungskultur schaffen will, muss die strukturelle Ebene der Kita anpassen. Die Rechte von Kindern müssen ernst genommen werden; dies gelingt nur dann, wenn sie verbindlich werden. Dazu braucht es geeignete Gremien, viel Kommunikation und Transparenz, z. B. in Form von (Kita-weiten) Veröffentlichungen der Rechte (etwa in Form einer Verfassung, eines Kita-Gesetzbuches, einer Verhaltensampel etc.).

Auf Ebene der Erwachsenen gilt: Pädagoginnen, die sich beteiligt und mitverantwortlich fühlen für Einrichtungsentscheidungen, nehmen sich als wertgeschätzte Mitgestalterinnen wahr. Sie werden dann wiederum Kinder und Eltern intensiver einbeziehen und Teilhabe so zur Selbstverständlichkeit machen. Eltern auf der anderen Seite, die erleben, wie ihre Kinder an dem Mehr an Freiheit und Verantwortung wachsen, werden auch ihre eigenen Methoden überdenken.

Eine lebendige Beteiligungskultur wirkt auch in das Umfeld der Einrichtungen

Die Beteiligung wirkt damit auch auf einer gesellschaftlichen Ebene. Kita-Kinder können nämlich durchaus Einfluss nehmen auf die Gestaltung des öffentlichen Raums, das Angebot der nahe gelegenen Bücherei, sie können sich am Stadtfest beteiligen oder die Öffentlichkeit mit der Präsentation ihrer Projekte bereichern. Als System Kita sollten wir uns daher um eine Öffnung in das Umfeld bemühen: Die Kinder und ihre Ideen, Kompetenzen und Bedürfnisse werden so öffentlich sichtbar und können weniger leicht von Politik und Verwaltung ignoriert werden. So tragen wir dazu bei, unsere Welt jeden Tag ein wenig kinderfreundlicher zu gestalten.

Stufen der Partizipation

Beteiligung ist zum Glück nicht nur ganz oder gar nicht zu haben. Wir können Partizipation in verschiedenen Altersstufen, bei verschiedenen Themen und auf verschiedene Arten einführen und stärken. Es sind außerdem jeweils unterschiedliche Stufen der Beteiligung möglich.

Keine Partizipation besteht, wenn Kinder zwar beteiligt erscheinen, in Wahrheit jedoch weder wissen, warum sie gerade etwas tun (sollen), noch Einfluss darauf haben. Das ist offensichtlich bei reiner Fremdbestimmung, z. B. wenn wir ein Kind am Arm packen, bevor es auf die Straße läuft oder wenn ein Kleinkind am Tisch zwangsgefüttert wird. Aber Partizipation kann auch unterschwelliger fehlen: wenn die Kinder z. B. beim Sommerfest einen Tanz aufführen und sie in Wahrheit vor allem als Dekoration dienen sollen für den Besuch der Bürgermeisterin.

In der Kita wird den Kindern echte Beteiligung manchmal unbewusst vorenthalten. Da dürfen die Kinder z. B. zwar offiziell über die Gestaltung der Karnevalsfeier abstimmen. Durch die Art, wie die Themen vorgestellt oder gewählt werden können, wird jedoch deutlich, welches Thema die Pädagoginnen selbst bevorzugen. Hier werden informelle Machtmittel eingesetzt, um die Kinder zu lenken. In der Regel werden die Kinder den vorgeschlagenen Pfaden folgen und wunschgemäß abstimmen.

Stufen der Partizipation

Selbstbestimmung Mitbestimmung	Partizipation
Anhörung Information	Vorstufen von Partizipation
Fremdbestimmung Anweisung Dekoration Alibi-Teilnahme	Keine Partizipation

Partizipation beginnt mit Information

Information ist Grundlage und notwendige Vorstufe, um Beteiligungsprozesse überhaupt zu ermöglichen. Kinder benötigen Informationen darüber, was mit ihnen oder in der Kita geschieht, um sich eine eigene Meinung bilden zu können und um handlungsfähig zu werden. Im nächsten Schritt können die Kinder angehört werden: Hier können die Kinder im Anschluss an die Information ihre Meinung kundtun und Ideen einbringen. Die Entscheidung liegt in dieser Stufe weiterhin außerhalb ihrer Befugnis.

Beteiligung beginnt, wenn die Kinder tatsächlich ein Stück Entscheidungsmacht erhalten. Bei der Mitbestimmung erhalten sie ein anteiliges Stück vom »Machtkuchen«, entscheiden also gemeinsam mit den Erwachsenen. Sie können auch mit einem gewissen Grad an Verantwortung Aufgaben der Gemeinschaft mit übernehmen. Die individuellen Anteile an der Macht, also die einzelnen »Kuchenstücke«, können bei Bedarf ungleich verteilt werden. Wenn ein Team Partizipation für sich etwa gerade erst neu entwickelt, kann das Team sich z. B. ein Veto-Recht vorbehalten; dann kann das Team auf keinen Fall von den Kindern überstimmt werden. Selbstverständlich können die Stimmanteile auch gleichmäßig verteilt werden, also eine Stimme je Person, egal ob Kind oder Erwachsene. Bei der Selbstbestimmung entscheidet ein Kind allein bzw. die Kinder in der Gruppe entscheiden ohne Erwachsene.

Es ist nicht das Ziel, für jede Entscheidung und jede Handlung die Stufe der Selbstbestimmung zu erreichen. Die verschiedenen Stufen sollten immer passend ausgewählt werden zum Entwicklungsstand des Kindes und der Gruppe, zu Vorerfahrungen der Kinder mit Partizipation, in Ausgleich zum Risiko, das mit der Entscheidung einhergeht, und auch mit den aktuellen Rahmenbedingungen, die in der Kita herrschen. Für ein Kita-Team kann es zu Frustration führen, wenn der eigene Anspruch an die partizipative Pädagogik sich nicht vereinbaren lässt z. B. mit dem Personal, das zur Verfügung steht. Weitere Entwicklungen auf dem Gebiet der Beteiligung sollten daher immer auch mit einem realistischen Blick geplant werden. Wichtig ist es vor allem, sich der Abstufungen im Beteiligungsgrad bewusst zu werden und Partizipationsprozesse fortlaufend zu reflektieren.

Methoden

Partizipative Arbeit erfordert ein hohes Maß an methodischer Kompetenz bei den Pädagoginnen. Im Folgenden stellen wir dir einige konkrete Übungen vor, mit welchen du gemeinsam mit deinem Team deine Methodenkompetenz auf dem Gebiet der Partizipation erweitern kannst.

Klarheit in der eigenen Kommunikation gewinnen

Partizipation erfordert eine dialogische Haltung sowie hohe kommunikative Kompetenz bei der Pädagogin. Die alltägliche Interaktion zwischen Kind und Pädagogin sollte von echtem Interesse und klaren Botschaften geprägt sein.

Kannst du zuhören – so richtig zuhören?

Und wie ist es um die Klarheit deiner Aussagen bestellt? Finde es mit folgender Übung heraus:
Tut euch im Team immer zu zweit zusammen. Eine Kollegin übernimmt die Rolle der Zuhörerin, die andere Kollegin ist die Erzählerin. Die Erzählerin zieht eine Postkarte oder ein Bild, ohne es der Zuhörerin zu zeigen. Die Kolleginnen setzen sich Rücken an Rücken aneinander. Die Erzählerin hat die Aufgabe, das Bild so exakt und eindeutig wie möglich zu beschreiben. Die Zuhörerin hat den Auftrag, das Bild anhand der Beschreibungen nachzumalen, ohne es zu sehen. In der ersten Runde ist die Zuhörerin stumm, sie darf keine Fragen stellen. In der zweiten Runde sind Nachfragen erlaubt. Nach jeder Runde wird das gemalte Bild mit dem Original verglichen. Anschließend tauscht ihr die Rollen.
Reflektiert die Übung gemeinsam. Was waren die Herausforderungen in der jeweiligen Rolle? Welche Aussagen haben dir als Zuhörerin besonders geholfen? Was hättest du von der Erzählerin gebraucht, um das Bild noch treffender malen zu können? Was könnt ihr aus dieser Erfahrung für die alltägliche Kommunikation mit den Kindern lernen?

Detektivarbeit: Wer tut bei uns eigentlich was?

Aus Fürsorge und Zeitknappheit nehmen wir den Kindern im Alltag oft viele Aufgaben und Schwierigkeiten ab. Kinder wehren sich dagegen: »Das kann ich schon allein!«, »Ich will das selbst machen!« Meistens nehmen es die Kinder jedoch irgendwann hin, wenn wir sie umsorgen. Sie gewöhnen sich daran, wenn ihnen Mühen abgenommen werden. Eine der wichtigsten Aufgaben jeder Pädagogin (und auch der Eltern) ist es aber, die Kinder in die Selbstständigkeit zu begleiten. Daher sollte bereits in der Krippe gelten: Was ein Kind (fast) allein schaffen kann, das sollte es auch allein tun. Auf dem Weg dorthin wird jedes Kind Unterstützung benötigen (Scaffolding), in abnehmenden Maß. Das erfordert zunächst viel Zeit und Geduld, ist aber eine gute Investition in die Zukunft. Du hilfst dem Kind, vom passiven Empfänger deiner Dienstleistungen zu einer aktiven, selbstbestimmten Mitbürgerin zu werden.
Wie geht das in der Praxis? Legt für jedes Team eine »Detektivin« fest, die einige Tage lang genau beob-

achtet und sammelt, welche Aufgaben von Erwachsenen erledigt werden und welche von den Kindern. Ideal ist es, wenn sie wirklich den gesamten Tagesablauf beachtet, von der Ankunft bis zum Abschied. Alle typischen Situationen werden erfasst, vom An- und Ausziehen über die Zeiten in der Gruppe bis zu Mahlzeiten und Ruhephasen. Im nächsten Team-Meeting geht ihr die Sammlung durch und ergänzt, was euch darüber hinaus einfällt. Beschließt, welche Aufgaben ihr (testweise) künftig den Kindern überlassen werdet. Ergänzt eventuell, für welche Altersgruppen oder unter welchen Umständen eine Aufgabe bei den Kindern liegen soll.

Für den Erfolg werdet ihr die Umwelt anpassen müssen. Sollen die älteren Krippenkinder sich z. B. künftig selbst anziehen für draußen, hilft eine bildliche Übersicht, in welcher Reihenfolge die Kleidung angezogen wird. Markierungen auf den Gummistiefeln erleichtern das richtige Anziehen. Sollen Krippenkinder den Tisch decken, helfen z. B. Platzsets, auf denen die Anordnung von Teller, Besteck und Glas abgebildet ist. Verbrauchsmaterial wie normales Papier und Stifte könnt ihr für die Kinder erreichbar unterbringen und mit den Kindern Regeln zum Entnehmen vereinbaren. Vielleicht gibt es auch Kinder, die die Verantwortung für eine Station übernehmen mögen?

Beteiligung ermöglichen: Visualisieren und veranschaulichen

Uns Erwachsenen ist oft gar nicht bewusst, wie viele wichtige Informationen rund um uns herum lediglich in schriftlicher Form vorliegen. Der Speiseplan hängt meist aus, aber in Worten ist er nur für die Eltern lesbar. Die Ankündigung des Sommerfestes: schriftlich auf A 4, in anderthalb Metern Höhe. Die wortgewaltige Info über den Konzeptionstag hängt ebenfalls am Schwarzen Brett.

Von diesen Themen und vielen weiteren sind oft gerade die Kinder am meisten betroffen. Daher ist es das Recht der Kinder, hierüber auf angemessene Art informiert und zu ihrer Meinung befragt zu werden.

Alternativen zur Schriftsprache

Viele Inhalte lassen sich durch Fotos vermitteln. So können Porträts der Kinder und Erwachsenen anzeigen, wer heute in der Kita ist. Die Kinder können ihren eigenen Bildern Aufgaben zuordnen, wenn es z. B. eine Aufgabentafel gibt. Fotos auf einem kreativ gestalteten Zeitstrahl zeigen an, wer wann Geburtstag hat.

Visual Facilitation geht noch darüber hinaus

Durch eine »visuelle Unterstützung« können Gruppenprozesse festgehalten werden in einer für Kinder verständlichen Form. Das Protokoll des Kinderparlaments kann durch Symbole für alle transparent aufgezeichnet werden. Auch Projektpläne oder Aufgaben können mithilfe einer gemeinsamen Symbolsprache allen vor Augen geführt werden. Um eine Kita-weite Symbolsprache zu entwickeln, braucht es kein künstlerisches Talent. Es geht darum, möglichst einfache Symbole zu finden, auf deren einheitlichen Gebrauch sich alle verständigen. Schließlich sollen auch die Kinder in der Lage sein, diese Symbole selbst zu verwenden. Kinderrechte, Verhaltensampeln für die Erwachsenen oder Kita-Verfassungen – all diese Inhalte sind für die Kinder selbst von höchster Bedeutung. Sie sollten daher in möglichst verständlicher Weise für die Kinder aufbereitet werden. Auch hier könnt ihr euch der Symbolsprache bedienen, aber genauso gut auch auf Material aus Broschüren oder dem Internet zurückgreifen oder die Rechte mit Fotos oder Videos darstellen.

Fragen aus der Praxis

In der Auseinandersetzung mit dem Thema Partizipation stoßen viele Kita-Teams auf ähnliche Herausforderungen. Im Folgenden findest du für typische Situationen konkrete Handlungs- und Lösungsideen.

Sind die Kinder nicht viel zu jung für so viel Mitbestimmung?

»Kinder in alle Entscheidungen einzubeziehen, überfordert sie doch. Sie benötigen klare Strukturen und eine eindeutige Führung, damit sie sich sicher fühlen können. Ihnen fehlt Erfahrung und sie wissen noch so wenig von der Welt – es ist unsere Verantwortung, ihnen diese Welt zu vermitteln. Manche Dinge können Kinder noch nicht selbst entscheiden, weil sie die Folgen nicht abschätzen können und sich damit vielleicht sogar selbst gefährden.«

Partizipation ist nicht gleichzusetzen mit antiautoritärer Erziehung. Vielmehr führen wir uns vor Augen, was das Ziel aller Bildung und Erziehung ist: Jedes Kind entwickelt seine Talente und Kompetenzen, um ein selbstbestimmtes Leben in der Gemeinschaft zu führen. Partizipation erfordert von Pädagoginnen eine feinfühlige Kommunikation und durchdachte, an die Entwicklung der Kinder angepasste Grade der Beteiligung. Das gilt schon für die Arbeit mit den Allerjüngsten. Die Verantwortung für die Konsequenzen liegt weiterhin bei den Erwachsenen. Die Pädagoginnen müssen daher mögliche Gefahren abwägen. Über welche Fragen können Kinder frei entscheiden und über welche nicht, weil sie unverhältnismäßig Gefahren mit sich bringen? Die Mit- oder Selbstbestimmung darf jedenfalls nicht bei jedem Maß von Gefahr ausgeschlossen werden. Ohne Gefahren und Situationen des Sichtrauens nehmen wir den Kindern die Möglichkeit, ihre Grenzen einschätzen zu lernen.

Jacke oder nicht?

Ein Beispiel: Ein Kind entscheidet sich, ohne Jacke auf den Ausflug zu gehen. Die Pädagogin informiert das Kind über das Wetter und die Dauer des Ausflugs. Bleibt das Kind bei seiner Entscheidung, bietet die Pädagogin einen Kompromiss an. Sie kann die Jacke einpacken, vielleicht sogar in den Rucksack des Kindes, wenn dieses einverstanden ist. Das Kind kann so die Folgen seines Handelns spüren, ohne dass dies als Strafe erlebt wird. Kind und Pädagogin können während des Ausflugs laufend die Erfahrungen reflektieren. Vielleicht hat das Kind tatsächlich ein anderes Wärmeempfinden, vielleicht friert es.
In jedem Fall erfolgt ein intensiver Austausch. Ohne größeres Risiko hat das Kind Gelegenheit zu zahlreichen Lernerlebnissen. Die Pädagogin zeigt ihr Vertrauen in die Einschätzung des Kindes, stärkt ihre Bindung zum Kind und bewahrt es zugleich vor möglichem Schaden.

Partizipation ist ein fortlaufender Prozess

Alle Beteiligten gewinnen ständig an Erfahrung und Kompetenzen. Beteiligung muss pädagogisch eingeführt und dauerhaft begleitet werden. Je öfter und tiefgreifender Kinder sich beteiligen und entscheiden dürfen, desto kompetenter und souveräner gehen Kinder(-gruppen) mit ihrer Freiheit um. In diese Rollen schrittweise hineinzuwachsen, braucht Zeit. Seid mutig und probiert einfach mal etwas aus, denn die Prozesse könnt ihr immer umkehren. Ihr werdet oft überrascht sein von kindlichen Kompetenzen, Lösungsstrategien und den Fähigkeiten der Kinder, miteinander demokratisch umzugehen.

Was werden die Eltern sagen?

Die Eltern haben oft genaue Vorstellungen, was und wie viel ihre Kinder essen, wann und wie lange sie schlafen und wie warm sie draußen angezogen sein sollen. Manche finden, dass die Kinder in der Kita zu viele Freiheiten haben. Denn auch zu Hause sagen die Kinder jetzt, dass sie beim Essen nicht probieren müssen oder selbst entscheiden dürfen, ob sie barfuß rausgehen. Einige Eltern sorgen sich, ihre Kinder könnten später in der Schule nicht zurechtkommen, wenn sie im Kindergarten nur nach eigenem Ermessen spielen, statt regelmäßig malen und stillsitzen zu üben. Was antworten wir den Eltern?

In einer zunehmend diversen Welt gehen die Ansichten weit auseinander über die Frage, über wie viel Freiheit Kinder verfügen sollten. Wenn die Kinder über ihre Angelegenheiten (teilweise) selbst entscheiden dürfen, kann das zu Konflikten mit den Eltern führen. Dies gilt vor allem, wenn wir die Eltern bei Entwicklungen der Kita-Pädagogik nicht mitnehmen. Denn tatsächlich hat eine partizipative Kita-Kultur Auswirkungen auf die Familiensysteme – und später auf die Schule. Kinder, die erfahren, dass ihre Meinung wichtig ist und ihre Stimme Gewicht hat, werden sich auch außerhalb der Kita selbstbewusst für ihre Belange einsetzen.
Eltern und Lehrerinnen empfinden es mitunter als anstrengend oder gar aufmüpfig, wenn Kinder für die eigenen Interessen eintreten. Aber durch Partizipation trainieren die Kinder zentrale Kompetenzen: die eigenen Bedürfnisse, Wünsche und Ideen reflektieren, formulieren und einbringen, zuhören, selbst handeln und die Verantwortung dafür übernehmen, gemeinsam mit anderen an Zielen arbeiten, sich abstimmen, Kompromisse eingehen – das alles macht Kinder stark für die Zukunft.

Der Blick in die eigene Biographie

Die Generation der Eltern hat in der eigenen Bildungsbiografie wahrscheinlich andere Erfahrungen gemacht. Gehorsam, Unterordnung und Strafe waren oftmals Leitprinzipien. Gerade unter Stress neigen manche Erwachsene dazu, diese Erfahrungen zu reproduzieren. Oder die Eltern gehen in Abgrenzung zu ihren Erfahrungen mit ihrem Kind besonders sanft um und wollen vor allem die besten Freunde ihres Kindes sein. Konflikten mit dem Kind gehen diese Eltern aus dem Weg und erlauben alles, ohne je Regeln und Strukturen zu geben und durchzusetzen.
Für eine partizipative Pädagogik ist eine Partnerschaft mit den Familien notwendig. Die Eltern sollten von Anfang an mitgenommen werden, wenn sich ein Kita-Team für mehr Partizipation entscheidet. Die Bedenken der Eltern sollten immer wieder aufgegriffen und beantwortet werden. Das erfordert vom gesamten Team eine hohe Fachlichkeit und ein beträchtliches Maß an eigener Überzeugung und Geduld.

Kitas sind auch für Eltern wichtige Lernorte

Eine ausführliche Eingewöhnung, Hospitationen im Alltag und vor allem ein regelmäßiger Austausch, z. B. bei Tür- und Angelgesprächen und Elternabenden, das alles trägt zu einem gemeinsamen Verständnis von gutem Aufwachsen und angemessener Beteiligung bei. Vor Konflikten sollten wir dabei keine Angst haben und Beschwerden als engagierte Beiträge anerkennen. Der konstruktive Umgang mit Konflikten wird so selbst Teil des Lernens in der gleichberechtigten, demokratischen Gemeinschaft – unter Gruppen von Kindern, Kindern und Erwachsenen und unter Erwachsenen. Mit Verständnis für die Ideen der Partizipation können die Eltern so ihre Kinder besser darin unterstützen, sich einzubringen oder mit Frustration umzugehen.

Wie können und sollten Eltern in unserer Einrichtung mitbestimmen?

In unserem Team gibt es erheblichen Widerstand gegen die Idee, die Eltern künftig mehr zu beteiligen. Wenn die Eltern in der Kita mehr mitentscheiden dürfen, gibt es doch nur Chaos. Das sind dann endgültig zu viele Menschen, die wir unter einen Hut bekommen müssen. Außerdem haben Eltern in der Regel keinen fachlichen Hintergrund, warum sollten wir sie also in unsere pädagogische Arbeit einbeziehen? Zudem haben wir doch schon Elternvertretungen in allen Gruppen.

Die Eltern haben ein (auch gesetzliches) Recht auf Beteiligung. Wir müssen Umfang und Art der Beteiligung aktiv gestalten. Partizipation bedeutet im ersten Schritt die Ermächtigung der Kinder. Konsequent weitergedacht müssen mittelbar dann auch die Familien in die Beteiligungskultur einbezogen werden.

Kommunikation ist der Schlüssel

Zahlreiche Möglichkeiten dafür bestehen im Alltag, vor allem durch wechselseitige Kommunikation und ein empathisches Ohr für die Belange der Eltern. Elternabende, Entwicklungsgespräche, Hospitationsmöglichkeiten sind dabei essenzielle Standards. Viele Kitas verteilen Informationen über Schwarze Bretter, Newsletter und Kita-Zeitungen. Auch digital können wir die Eltern informieren und beteiligen, per E-Mail oder über die Website der Kita, (sichere!) Messenger-Systeme, gemeinsame Plattformen für Bilder und Videos, Umfragen usw. Team und Leitung sollten gelegentlich das gesamte Kommunikationssystem unter die Lupe nehmen und anpassen. Berücksichtigt dabei insbesondere Familien, die die deutsche Sprache weniger gut beherrschen oder aus anderen Gründen zurückhaltend wirken.

Möglichkeiten der Teilhabe

Darüber hinaus bestehen viele weitere Möglichkeiten der aktiven Beteiligung, z. B. Eltern als Experten in Bildungsprojekte der Kinder oder bei der Planung von Festen, Umgestaltungen oder Ausflügen einzubeziehen. Kaum ein Thema ist ungeeignet für die Beteiligung: Auch an Kernprozessen wie der Konzeptionsentwicklung können die Familien prinzipiell beteiligt werden. Wichtig ist es, institutionelle Strukturen dafür zu schaffen, wie zum Beispiel eine Elternvertretung oder regelmäßige Befragungen.

Diskurse gehören dazu!

Die Eltern sollten von Beginn an mit ins Boot geholt werden, wenn eine Kita sich gerade erst auf den Weg Richtung mehr Partizipation macht. So könnt ihr Spannungen bereits im Vorfeld vermeiden. Ist Partizipation als Konzept gut eingeführt, kann das Team den Fokus vor allem auf neue Familien richten.

Wichtiger Baustein von Partizipation ist immer das Beschwerde- oder Feedback-Management. Die eigene Qualität kann enorm profitieren von den Anregungen der Eltern; ihre Kritikpunkte und Fragen können Anhaltspunkte geben für Verbesserungen. Nimm Kritik deshalb möglichst als Geschenk wahr. Das ist zwar leichter gesagt als getan, denn negative Rückmeldungen oder gar Beschimpfungen fühlen sich zunächst unangenehm an. Pädagoginnen benötigen dafür ein hohes Maß an Souveränität und professioneller Distanz. Beides kommt mit zunehmender Erfahrung und regelmäßiger Reflexion, allein und im Team. Haben Pädagoginnen eine sichere Rolle gefunden und sind überzeugt von den sichtbaren Erfolgen ihrer partizipativen Arbeit, können sie Eltern gegenüber ihren Standpunkt besser vertreten und auch andere Meinungen leichter zulassen. Habt keine Angst vor Diskussionen! Ihr solltet sie als normalen Prozess demokratischer Meinungsbildung anerkennen und sogar dazu ermutigen.
Ihr seid gemeinsam mit den Eltern für die Kinder Vorbilder für faire und konstruktive Diskurse.

Veränderungsprozesse im Team gestalten

»Nichts ist so beständig wie der Wandel.« Heraklit von Ephesos hatte wohl noch nicht die Welt der Kindertagesbetreuung vor Augen, als er sein berühmtes Motto formulierte. Aber auch für die Kita als Bildungs- und Lebensort gilt, dass Organisation und Arbeitsweise fortlaufend an die sich ändernde Umwelt angepasst werden müssen. Wie gelingt dies am besten, gerade in Zeiten des Personalmangels und steigender Ansprüche von Politik und Eltern? Als Kita-Leitung ist man zunächst gut beraten, fortlaufend den Boden für Veränderungen im Team zu bereiten. Dem gesamten Team sollte klar sein, dass auch die Arbeitswelt der Kita agil geworden ist. Konzepte gelten nicht mehr für Jahrzehnte, sondern befinden sich ständig in einem evolutionären Prozess. Strukturen werden in interdisziplinären Teams angepasst und sofort in der Praxis erprobt, um dann erneut verbessert zu werden. Aufgabe der Führungskräfte ist es daher zunächst, Ängste und »Wachstumsschmerzen« zu erkennen und aufzugreifen. Dies gelingt am besten, wenn man selbst überzeugt ist von der Notwendigkeit der Veränderung. Und: Veränderungsprozesse brauchen ausreichend Zeit und Geduld. Im Folgenden stellen wir dir einige Aspekte, Ansätze und Methoden des agilen Projektmanagements vor, die dich bei der Gestaltung des Teamprozesses unterstützen können.

Zukunftswerkstatt und Ist-Analyse

In einer Zukunftswerkstatt kannst du mit dem Team zu Beginn des Prozesses eine Wunschvorstellung erträumen, aus der anschließend konkrete Ziele abgeleitet werden können. Hilfreich ist es, auch eine Analyse der Ist-Situation durchzuführen. Dabei helfen folgende Fragen:

- Was würde sich in unserer Kita als Erstes verändern, wenn die Kinder die allein Bestimmenden wären?
- Kennen wir Wünsche und Ideen der Eltern zur Weiterentwicklung unserer Kita?
- Wer aus dem Team würde sich wohl als *Partizipationskönnerin* verstehen?
- Welche Regeln und Strukturen sind für uns unantastbar? Was würde passieren, wenn eine Bildungsreform genau diese Punkte verwerfen würde und wir neue Konzepte dazu entwickeln müssten?
- Wie lernfreudig ist unser Team? Haben alle ausreichend Fachwissen und Methodenkenntnisse zum Thema? Wie können unerfahrenere Team-Mitglieder von den »alten Hasen« profitieren und umgekehrt?
- Woran erkennen Außenstehende und Bildungspartner, dass wir partizipativ arbeiten?

Ängste und Sorgen thematisieren

Veränderungen bringen Unsicherheit und damit Ängste mit sich. Denn wer kann schon vorhersagen, ob das, worauf man sich da einlässt, tatsächlich besser sein wird als die aktuelle Variante? Um Akzeptanz für Veränderung zu schaffen, müssen deshalb vor Beginn des Prozesses alle Bedenken, Ängste und Sorgen auf den Tisch. Dabei geht es nicht darum, diese zu entkräften, sondern darum, ihnen Raum zu geben, sie zu hören und zu beachten. Gemeinsam kann man dann überlegen, was jede Person braucht, um sich auf den Prozess einlassen zu können. Dies könnte beispielsweise das Vereinbaren einer Testphase oder die Unterstützung der Kolleginnen sein.

Wie umgehen mit Widerständen im Team?

Veränderungsprozesse lösen bei allen Teammitgliedern unterschiedliche Gefühle aus. Je stärker der Druck von oben kommt und je weniger die einzelnen Teammitglieder an der gewünschten Veränderung beteiligt sind und mitgestalten können, desto mehr Widerstand entwickelt sich. Innerhalb deines Teams wird es entscheidungsfreudige, mutige Kolleginnen geben, die gerne Neues ausprobieren und wenig Angst vor Fehlern haben. Daneben gib es Skeptikerinnen und die zögerlichen Bewahrerinnen und Bedenkenträgerinnen. Die Vielfalt im Team ist wichtig, um Veränderungsprozesse anzustoßen, diese aber auch zielgerichtet und überlegt umzusetzen. Findet heraus, wer sich im Team tendenziell mit welcher Rolle identifiziert und wie ihr sie gemeinsam nutzen könnt. Analysiert gemeinsam: Welche Bedenken bestehen? Welche individuellen Lösungen gibt es dafür? Geht es wirklich um die Sache oder geht es in Wahrheit um ein ganz anderes Thema? Welche Stimme in mir, welche Rolle im Team spricht? Stellt ein Innovationsteam zusammen, das sich traut, anzufangen. Erste kleine Schritte helfen, Barrieren abzubauen. Richtet den Blick dabei auf die Erfolge und stellt sie transparent für alle dar. Taten überzeugen oft mehr als Worte.

Wie kommen wir im Team zu Entscheidungen?

Veränderungen werden nachhaltig erfolgreich, wenn möglichst das gesamte Team an Bord ist. Wer seine Ideen und Meinungen einbringen konnte, ist später motiviert bei der Sache. Gemeinsam Entscheidungen zu treffen, die von allen mitgetragen werden, ist nicht einfach. Hier findest du einige Tipps, wie ihr im Team zu guten Entscheidungen kommt.

- Vereinbart Testphasen für neue Methoden. Es ist leichter, sich auf etwas Neues einzulassen, wenn die Entscheidung umkehrbar bleibt.
- Es muss nicht immer eine einheitliche Lösung geben. Wenn es gute Gründe gibt, warum in Gruppe A etwas anders gemacht wird als in Gruppe B, warum nicht?
- Um Entscheidungen zu treffen, könnt ihr andere Wege gehen als eine klassische einfache Mehrheit herbeizuführen. Je nach Art der Fragestellung kann man andere Verfahren wählen: qualifizierte Mehrheiten und Veto-Rechte, anonyme Abstimmungen, mehr als eine Stimme, Abstimmung über Alternativen, vorläufige Abstimmungen (Etappenziele) oder auch den Konsens. Die Auswahl der Methode hängt davon ab, welcher Faktor wichtiger ist: Liegt mir vor allem am Herzen, dass das Team gemeinsam eine (Richtungs-)Entscheidung mitträgt, dann sollte ich mit viel Zeit und Geduld an einem Konsens arbeiten. Weniger wichtige Angelegenheiten, die schnell vorankommen sollen, vertragen kurze Diskussionen und einfache Mehrheiten.
- Sei realistisch – es ist selten und in der Regel nicht notwendig, dass alle im Team zu einhundert Prozent glücklich sind mit dem Ergebnis. So mancher lässt sich überzeugen, wenn es bei den Kolleginnen gut läuft. Oder die Skeptikerin übernimmt zunächst die Beobachterrolle.
- Habt ihr eine Entscheidung getroffen, sollte sie verbindlich sein und transparent festgehalten werden. Visualisiere wichtige Entscheidungen z. B. auf einem Plakat und halte sie in Team-Protokoll oder Kita-Logbuch fest.

Jetzt geht's los

Zu guter Letzt: Naturlich gehen wir auch deshalb jeden Tag zur Arbeit, um unsere Brötchen zu verdienen. Aber gerade Pädagoginnen geben in der Regel andere Gründe an, wenn sie nach ihrer Berufswahl befragt werden. Die Sinnhaftigkeit der Tätigkeit, die Freude an der gemeinsamen Arbeit mit Kindern und die Möglichkeit, ihr Wachsen miterleben und unterstützen zu können stehen dabei im Vordergrund.

Durch Partizipation kannst du die Entwicklung der Kinder als Individuen und als Gruppen bestmöglich unterstützen und ihre wachsende Selbstständigkeit aktiv begleiten. Jede Investition in das eigenständige Entscheiden und Tun zahlt sich dabei aus. Lass dich überraschen, welche Herausforderungen Kinder bereits eigenständig bewältigen können und was sie von unserer gemeinsamen Welt denken. Ihre eigenen Lösungsansätze, Weltansichten und kreativen Ideen werden zwar deine Arbeitswelt auf den Kopf stellen, aber zugleich unglaublich viel Spaß bringen und eine Menge Ressourcen freimachen. Sei mutig und mach dich auf den Weg zu noch mehr Partizipation in deiner Kita! Dieses Kartenset kann dir und deinem Team dabei ein guter Begleiter sein.

Über die Autorinnen

KiKu Akademie
Die KiKu Akademie ist die Fortbildungsorganisation der Kinderzentren Kunterbunt Gruppe (KiKu). KiKu betreibt deutschlandweit rund 100 Kindertageseinrichtungen in acht Bundesländern, in denen fast 6.000 Kinder eine erste Bildungsstätte außerhalb der Familie erleben.
Die KiKu Akademie gewährleistet die pädagogische Qualität unserer Einrichtungen durch fachliche Beratung, Fortbildungen sowie ein umfassendes Qualitätsmanagement. Weitere Aufgabe der KiKu Akademie ist die konzeptionelle Arbeit in Form von partizipativen Projekten.
Unser multiprofessionelles Team erarbeitet neben Präsenz-Fortbildungen seit längerem digitale und hybride Angebote (z. B. E-Learnings, Trainings per Video-Konferenz und Lern-Nuggets als Video). Wir richten uns sowohl an die über 1.500 eigenen pädagogischen Mitarbeiterinnen als auch an Fach- und Führungskräfte anderer Träger.

Katharina Blum, Bildungskoordinatorin KiKu Akademie, Erziehungswissenschaft M. A., Fortbildnerin im Elementarbereich.
Bereits während ihres Studiums der Erziehungswissenschaft sammelte Katharina Blum vielfältige Erfahrungen in der Fort- und Weiterbildung für Elementarpädagoginnen. Nach eineinhalb Jahren Kita-Praxis verantwortet sie jetzt die Bereiche Fortbildung und Konzeptionsentwicklung bei KiKu und begleitet Kita-Teams als Trainerin in ihren individuellen Entwicklungsprozessen.

Kaarina Meyn, Juristin, Projektmanagerin KiKu Akademie, Multiplikatorin für Partizipation im Elementarbereich (Institut für Partizipation und Bildung), Fortbildnerin im Elementarbereich und in der überparteilichen politischen Bildung junger Menschen. Nach einigen Jahren als Koordinatorin für Aus-, Fort- und Weiterbildung sowie Qualitätsmanagement im Bereich Kindertagesstätten bei der Diakonie Rheinland-Westfalen-Lippe ist Kaarina Meyn jetzt im Bereich Qualitätsmanagement von KiKu tätig. Sie konzipiert und begleitet Fortbildungen und entwickelt Konzepte (zuletzt Kinderschutz), natürlich immer höchst partizipativ!

Anke Wolfram, Beratung, Fortbildung und Prozessbegleitung bei der KiKu Akademie.
Anke Wolfram ist Erzieherin, Waldpädagogin und Psychomotorikerin. Im Modellversuch PQB (Pädagogische Qualitätsbegleitung) coachte sie Einrichtungsteams in ihrer Interaktionsqualität. Sie ist Mitglied im Praxisbeirat am Staatsinstitut für Frühpädagogik in München und Autorin des Buches »Naturraumpädagogik in Theorie und Praxis«, Verlag Herder.
Seit 2007 leitet sie die Einrichtung Waldkinder-Regensburg, eine Konsultationseinrichtung für den Bayerischen Bildungs- und Erziehungsplan, die u. a. die UNESCO Auszeichnung »Bildung für nachhaltige Entwicklung« erhalten hat.

Bildnachweis: Gettyimages.de
Cover: ArtMarie | S. 1: AzmanL | S. 5: ArtMarie | S. 6: Robyn Breen Shinn | S. 7: FatCamera | S. 9: Wpadington | S. 13: EvgeniiAnd | S. 14: SDI Productions | S. 15: Marcduf